Editora Appris Ltda.
1.ª Edição - Copyright© 2023 da autora
Direitos de Edição Reservados à Editora Appris Ltda.

Nenhuma parte desta obra poderá ser utilizada indevidamente, sem estar de acordo com a Lei nº 9.610/98. Se incorreções forem encontradas, serão de exclusiva responsabilidade de seus organizadores. Foi realizado o Depósito Legal na Fundação Biblioteca Nacional, de acordo com as Leis nos 10.994, de 14/12/2004, e 12.192, de 14/01/2010.

Catalogação na Fonte
Elaborado por: Josefina A. S. Guedes
Bibliotecária CRB 9/870

S311l
2023
	Scharra, Graziele
	   Luz da alma / Graziele Scharra. - 1. ed. - Curitiba: Appris, 2023.
	   118 p. ; 21 cm.
	
	   ISBN 978-65-250-3425-6
	
	   1. Poesia brasileira. 2. Mensagens. I. Título.
	
	                                                      CDD – 869.1

Appris
editora

Editora e Livraria Appris Ltda.
Av. Manoel Ribas, 2265 – Mercês
Curitiba/PR – CEP: 80810-002
Tel. (41) 3156 - 4731
www.editoraappris.com.br

Printed in Brazil
Impresso no Brasil

GRAZIELE SCHARRA

Luz da Alma

Appris editora

FICHA TÉCNICA

EDITORIAL Augusto Vidal de Andrade Coelho
Sara C. de Andrade Coelho

COMITÊ EDITORIAL Marli Caetano
Andréa Barbosa Gouveia (UFPR)
Jacques de Lima Ferreira (UP)
Marilda Aparecida Behrens (PUCPR)
Ana El Achkar (UNIVERSO/RJ)
Conrado Moreira Mendes (PUC-MG)
Eliete Correia dos Santos (UEPB)
Fabiano Santos (UERJ/IESP)
Francinete Fernandes de Sousa (UEPB)
Francisco Carlos Duarte (PUCPR)
Francisco de Assis (Fiam-Faam, SP, Brasil)
Juliana Reichert Assunção Tonelli (UEL)
Maria Aparecida Barbosa (USP)
Maria Helena Zamora (PUC-Rio)
Maria Margarida de Andrade (Umack)
Roque Ismael da Costa Güllich (UFFS)
Toni Reis (UFPR)
Valdomiro de Oliveira (UFPR)
Valério Brusamolin (IFPR)

SUPERVISOR DA PRODUÇÃO Renata Cristina Lopes Miccelli
ASSESSORIA EDITORIAL Renata Cristina Lopes Miccelli
REVISÃO Josiana Aparecida de Araújo Akamine
PRODUÇÃO EDITORIAL Raquel Fuchs
DIAGRAMAÇÃO Yaidiris Torres
CAPA Daniela Baumguertner

LUZ DA ALMA

MUITOS SÃO OS CHAMADOS E POUCOS OS ESCOLHIDOS... POSSO MOSTRAR O CAMINHO SÓ PARA AQUELES CUJOS OLHOS ESTÃO ABERTOS À VERDADE, CUJAS ALMAS TRANSBORDAM DE ALTRUÍSMO, CARIDADE E AMOR PELA CRIAÇÃO INTEIRA E QUE PENSAM DE SI MESMOS POR ÚLTIMO.

(H.P.B.)

Sumário

MÃOS..13
MOMENTOS 14
VERDADEIRAS ALMAS GÊMEAS! 16
QUANDO O ESPETÁCULO ACABA...................................17
DESVANEIOS 18
ESTRADAS SEM RUMO 19
SOU FERA... SOU DEUSA... 20
AMANDO-TE EM 4 ELEMENTOS 21
MUNDOS DIFERENTES 23
MERAS EXPECTATIVAS 23
SAUDADES..25
UM NOVO CAMINHO..26
UM NOVO CONTO...27
SOL DA MEIA-NOITE... 29
ATÉ AQUI VIAJAMOS JUNTOS..30
O VERDADEIRO FEITIÇO 31
AMOR DE ALMA 32
SEU...33
ALÉM DO TEMPO..33

DECISÃO AO PÔR DO SOL...34
CHEIA DE FASES 36
ANJO 37
AH, AMOR! 38
QUANDO VAMOS EMBORA!..38
ETERNIDADE 40
SEM PENSAR EM NADA..41
DUAS ALMAS...42
TE AMO COMO O SOL 43
VOCÊ TEM A CHAVE DA SUA FELICIDADE.....................44
LUZ DA MINHA ALMA... 45
TANTA ESPERA 46
SE AS ESTRELAS PUDESSEM FALAR... 48
O AMOR..48
ASSIM É O TODO..49
UM VOO PLENO 51
BRISA SUAVE 51
A DANÇA...52
SONHOS LINDOS 54

A HARMONIA PERFEITA	55
ENTRE IDAS E VINDAS...	56
NÃO TENTE ME DECIFRAR...	57
ME FAZ TÃO BEM...	58
SABERÁS QUE NÃO TE AMO	58
TRAGA-ME EM SEUS BRAÇOS...	59
ESTOU UM POUCO ATRASADO	60
ACRESCENTA-TE	61
A ROSA E O FALCÃO (PARTE 2)	61
A ROSA E O FALCÃO (PARTE 1)	62
AMA-ME!	63
POR ONDE ESTEVE?	64
A VOZ QUE ME GUIAVA	65
A INDIFERENÇA	66
FLORES PARA VOCÊ...	66
GRATIDÃO	67
O SEU AMOR	67
OUTRO EM SEU CORAÇÃO	68
AMOR DE LUZ	69

AMOR ENTRE ALMAS	69
O HOMEM QUE AMO!	70
AMOR MEU	71
SE VOCÊ DIZ VEM...	72
VENTO DE LUA CHEIA	73
NOITE EM PROFUNDOS DESEJOS	74
HOJE	75
NEM TODOS OS SENTIDOS SÃO IGUAIS	76
UM INSTANTE	76
VOCÊ É O GRANDE AMOR DA MINHA VIDA	77
O SER DIVINO	78
NOVAS FANTASIAS	80
UM GESTO GENUÍNO	81
FECHO OS OLHOS E POSSO SENTIR...	82
EU SOU FILHA DOS RAIOS	83
SUAVE COMO UMA FLOR	84
AME-SE MUITO	85
FICO PENSANDO EM NÓS...	85
E O AMOR É ASSIM...	86

SIMPLESMENTE POR TE AMAR ... 86
O CAMINHO DE FLORES MIL ... 87
APRENDI QUE O AMOR ... 88
PROCURO SEU ROSTO ... 89
LIBERDADE ... 90
O MEL DE SUAS CARÍCIAS ... 91
EXPERIÊNCIA VIVIDA ... 92
TROQUEI A SOLIDÃO ... 93
AS ESTRELAS ... 94
PARTE DE MIM ... 94
SOMOS CONTROVÉRSIAS ... 95
NOS SEUS BRAÇOS ... 96
"EU SOU MAIS FORTE DO QUE EU" ... 97
EU E VOCÊ ... 98
EM MEIO AO SUOR ... 98
POSSO OLHAR NOS TEUS OLHOS E VER O AMOR ... 99
ESTAR COM VOCÊ... ... 101
NADA É DESTINO ... 101
DIVINO MESTRE ... 102

NOSSA VIDA É O QUE TEMOS	103
TALVEZ	104
EU TIVE MEDOS	105
TESOURO	106
PERMANECER E NUNCA MAIS SE AFASTAR	106
O QUE É O AGORA?	107
MEU SOL... MINHA LUZ	108
SILÊNCIO	110
O OLHAR PURO...	110
SEMPRE AMANHECERÁ	111
A ESTRELA GUIA	112
MOMENTO DE SE OBSERVAR	113
MEUS OLHOS	114
RECOMEÇO	114
SOMOS SOL E LUA	115
RECONHECIMENTO	116

MÃOS

Que fazem acontecer...
Que agem sem saber...
Que misturam e dão forma para ver.
Mãos
Que amenizam os males do ser...
Que aliviam o que faz doer...
Que curam e fazem a nossa fé crescer.
Mãos
Que compartilham com os que não têm o que comer...
Que doam...
mas que também sabem receber...
Que acariciam
até mesmo quem acabou de nascer...
Assim meio perdido,
mas embora chorando com medo,
só precisa sentir o calor
que traz nas mãos o amor de um ser...
Mãos
Que compreendem aqueles que não sabem entender...
Que falam tudo para aqueles que nem sequer imaginam o que é ler.
Que amam num toque com todo o poder...
Que possa existir em um único Ser.

MOMENTOS

Quantos momentos passei sentada
observando a correnteza das águas e na espera de ver você chegar...
assim de forma inesperada.
Infinitas preces eu fiz...
Quantos gritos eu prendi
por saber que não conseguiria me ouvir...
Por saber que não estava ali.
Quantos sonhos e anseios para tê-lo comigo,
para te abraçar e te sentir perto de mim.
Foram muitos e muitos anos,
sentada no mesmo lugar...
Algumas vezes, via o sol se pôr,
outras esperava por ele nascer.
Mas com as novas estações,
minhas esperanças se renovaram,
tomavam cor...
E, com a passagem de cada estação,
iam perdendo a cor.
Acinzentadas e frias,
tornavam-se vazias por não te ver chegar.
Foi tão sofrida essa espera, parecia não ter fim...
Até que adormeci em meio a lágrimas geladas
e consegui, então, te ver crescer
e saber que o momento ainda estava por vir.
Que eu ainda viria para te encontrar aqui.

E entender que não adiantava te esperar ali
em meio às árvores e à relva do campo...
mas doeu muito.
Pois tudo aquilo era minha referência de paz,
de porto seguro.
E numa manhã, com o raiar do sol,
eu pude receber a oportunidade de experimentar algo novo,
que acelerava meu coração.
Mesmo sabendo que não seria fácil te encontrar em meio à multidão,
e que a vida poderia ser injusta
e nos afastar por mais tempo.
Eu tive muita coragem e força de vontade e vim.
Hoje estou aqui ainda à espera de ti,
mas com a certeza plena de que você já está aqui.
Porque consegui te encontrar...
foi a melhor coisa que eu encontrei dentro de mim.

VERDADEIRAS ALMAS GÊMEAS!

Não te pedirei uma fotografia feliz...
para lembrar do seu sorriso lindo...
Eu serei todos os dias o motivo dos seus sorrisos...
O motivo que fará o seu coração bater mais forte e acelerado...
E quando acordar à noite, assustado, depois de um pesadelo,
eu estarei ao seu lado
para te abraçar e dizer que está tudo bem.
Porque amar alguém acima de tudo,
e de todos os desejos e sonhos, é cuidar.
É fazer essa pessoa se sentir criança novamente,
nos detalhes mais simples e marcantes.
E assim será dia após dia...
Eternos seres amados, enlaçados sem querer...
nessa plena magia.
E mesmo assim seremos aqueles que guardam os segredos,
que se encontram escondidos para brincar...
E iremos cuidar um do outro sempre,
como num voto perpétuo
que apenas verdadeiras almas gêmeas podem fazer.

QUANDO O ESPETÁCULO ACABA

É uma pena que, quando as cortinas se fecham e as luzes se apagam,
ficamos solitários e distantes da outra parte da nossa essência.
Aquela que nos completa e nos enche de amor e alegria...
Que dá cor ao nosso dia.
Mas devemos acreditar fielmente que a outra metade aparecerá nos braços de um anjo...
E nos dará todo o amor que esperamos por toda a eternidade...
E assim juntos podermos ser felizes de verdade...
Vivendo a intensidade desse amor adormecido pelos séculos.
Por muitos anos guardado e por muito tempo esperado...
Te amar e sentir o sabor suave do toque dos seus lábios,
como uma doce e suculenta fruta madura...
Que, ao ser mordida, se desmancha em tamanha doçura.
Viver todos os instintos permitidos pelos nossos corpos...
E todos os desejos ocultos pela nossa alma.

DEVANEIOS

Estava observando esses lábios lindos e bem delineados,
a sua face...
sua pele...
teus cabelos...
simplesmente.
Fico a imaginar como poderia ao teu abraço chegar
e te envolver com meus braços,
te tocando e te reconhecendo do primeiro até o último detalhe.
Sem pressa, nos teus beijos, me encontrar.
Me encantaria acordar de manhã e sentir o teu cheiro,
te abraçar
e novamente degustar seu corpo por inteiro,
beijando cada pedacinho dele,
centímetro a centímetro.
E minhas mãos em tuas curvas,
deslizando aos poucos.
Ver você se excitando
e com todo carinho para as nuvens te levar...
apreciando essa paisagem que é teu corpo...
e mordidinhas em seu pescoço,
para te fazer todos os gostos e de todas as maneiras nos deliciarmos...
Para que assim, em teus pensamentos, eu possa estar...
E para sempre, em meus devaneios, poder te levar.

ESTRADAS SEM RUMO

A lua que ascende o clarão da noite que se levanta.
Traz consigo mistérios que nenhum humano consegue entender...
Quem sabe mesmo ao longe...
em pensamentos possam te alcançar.
Estradas sem rumos, destinos sem direção...
caminhos que não levam a lugar algum.
Pode ser que, dentro dos labirintos,
esteja guardado o tesouro que busca encontrar.
Muito embora a saudade é a companheira nessa estrada...
Que trilhamos nessa grande jornada,
onde está sempre marcada como uma via de duas mãos...
O toque na pele, o sentir da respiração, os olhos observando uma simples descrição...
A voz, o jeito...
o bater acelerado de um coração.
Tudo pode vir à mente, podemos estar distantes...
mas sempre estará presente.
Poder descrever com clareza e ver esse lindo homem à minha frente...
Com tamanho amor e beleza.
Como o beija-flor que paira ao retirar o néctar da flor...
E logo em seguida, então, poder assim regozijar.
Para deixar o meu afago com todos os carinhos do mundo...
E mesmo pairando como um beija-flor,
jamais poderei me deleitar

se não visse o brilho da lua em seu olhar.
E ouvisse o som suave da sua voz dizendo:
Pela eternidade mais uma vez poder te amar...

SOU FERA...
SOU DEUSA...

Sou a noite e o dia...
Às vezes anjo, às vezes demônio...
Mas sempre eu mesma.
Sou mulher...
caçadora.
Uma faminta predadora.
Não tenho mais os olhos de uma menina
nem corpo de uma adolescente,
Trago nas linhas das minhas mãos...
o conhecimento e a sabedoria.
O que posso dar-te é mais que tudo...
A maturidade que consegue rir
quando em outros tempos choraria....
Hoje amo muito mais o reflexo que vejo nos meus próprios olhos.

Posso dar-te muito mais do que beleza e juventude dos tenros anos dourados.
Cujos anos me ensinaram a amar melhor,
com mais paciência...
com calor e intensidade
A aguardar-te quando vais...
pois sei que retornarás.
Isso posso dar-te:
um mar antigo e confiável cujas marés...
mesmo se fogem, retornam
cujas correntes ocultas não levam aos destroços,
mas ao sonho interminável das sereias que encantam com seu canto...
e te prendem na areia.

AMANDO-TE EM 4 ELEMENTOS

Se eu pudesse te dar algo...
te daria um banho com a luz da lua
e deixaria sua pele prateada e completamente nua.
E ainda assim te enfeitaria com as estrelas,

para que nosso amor ficasse gravado em nossas almas.
Se eu pudesse...
te aqueceria com o calor do sol
e te amaria nesse calor intenso,
acendendo o fogo entre nós e dentro de nós.
Se eu pudesse...
te amaria em meio a uma tempestade
sentindo o forte vento batendo em nossos rostos e corpos,
enquanto nos amamos e vemos relâmpagos cortando o céu...
Causando ainda mais frenesi
nessa imensa loucura que é amar você.
Se eu pudesse...
te amaria em meio a águas calmas e claras,
para te sentir de forma intensa e leve ao mesmo tempo...
E deixar o frescor da água nos preencher
e completar o que sentimos.
Se eu pudesse...
te deitaria nu na terra fresca,
para que, sentindo a energia da terra,
também sentisse toda a minha ânsia por você...
E o quanto meu corpo arde em desejo e prazer.
E mesmo depois de tudo isso...
Se eu pudesse te dar algo...
te daria a capacidade de ver a si mesmo pelos meus olhos,
para que, então, você perceba
o quanto é especial para mim...
E o quanto sou feliz por amar você do meu jeito,
voraz e simples assim...

MUNDOS DIFERENTES

Eu queria te trazer para o meu mundo mas eu não posso...
Você tem o seu mundo.
Mas te trago apenas mentalmente...
Da mesma forma que não pode me levar para o seu mundo...
Em momentos mentalmente nos conectamos
e passamos como elementais para outras dimensões...
mas, no final de tudo, existe um portal
que nunca poderá ser acessado.
Pois estamos entre a vida e a morte...
A luz e a escuridão...
Somos a dualidade encarnados em seres de gêneros diferentes.
Dois seres em mundos diferentes...
aprisionados ao amor de único coração.

MERAS EXPECTATIVAS

Eu brinco falando que és o homem dos meus sonhos,
mas nunca foi!
Na verdade, corresponder minhas expectativas não resulta fácil,
se quer tentar, tente.

Mas já saiba que jamais conseguirá.

Há um abismo entre quem eu involuntariamente queria que fosse

e quem realmente é.

Felizmente, eu me amo e me respeito o suficiente

para não fazer as coisas para agradar ninguém

ou me adaptar levianamente aos delírios e devaneios dos outros.

Agindo dessa forma, qualquer relacionamento estaria fadado ao fracasso.

Mesmo que seja uma singela amizade.

Não precisa ser a pessoa dos meus sonhos,

mesmo porque só quem sabe dos meus sonhos sou eu, rs...

Quanto mais o conheço,

menos se parece com quem eu gostaria,

e isso se transforma numa deliciosa contradição...

E eu me apaixono ainda mais

por quem delicadamente a vida ajudou que me tornasse.

Recuso-me a amar uma idealização e extensão de mim mesma,

pois desse modo perderia o melhor do relacionamento:

você.

Ainda bem que chegamos num ponto de nossas vidas

que aprendemos a deixar de colocar o fardo de nossas expectativas

nos ombros das pessoas,

porque, do contrário, estaríamos "namorando a nós mesmos"

Imagina o quanto tempo perderíamos nessa incrível ilusão...?

SAUDADES

A dor dilacera a minha Alma,
mas a certeza de que vai passar me faz crer e ter fé.
Ter fé em dias ensolarados e com um céu azulado...
Porque esse acinzentado que vejo, já não me faz bem...
Como poetisa que sou,
estarei sempre escrevendo belas histórias de amor,
mesmo que aqui dentro tudo esteja despedaçado.
E a aquela música...
sabe aquela música que ouvíamos?
Ainda toca em meus pensamentos,
não me deixando esquecer os momentos vividos intensamente
e que jamais serão esquecidos.
Pois a sua lembrança é algo vivo em mim...
Mesmo que, para revê-lo,
terei que esperar pelo último suspiro desse corpo,
quando não mais existir vida.
E aí sim poderei viver momentos sublimes
em que o tempo não ousará mais em tentar nos afastar.
Amo-te eternamente.

UM NOVO CAMINHO

E então parada ali, apenas sentindo o suave toque das ondas em meus pés,
aquele momento marcado por aquela água fria...
Quem diria...
Que um dia tudo isso acabaria,
Tão rápido quanto começou...
Terminou.
Não sei se foi a decisão certa.
Se hoje não nos vemos,
culpa nós dois temos.
Sentindo em meu rosto o brilho da lua, como se estivesse a me beijar...
Exatamente como fazia,
E sempre me deslumbrava os olhos em me abraçar...
Naquele momento nada mais existia,
nada mais tinha importância...
Mas não queremos nem devemos nos entristecer,
pois um mundo de coisas lá fora vai ter para nos fortalecer.
Belíssimos novos sentimentos vão nascer...
A cada nova flor observada...
A um novo sabor apreciado...
Ou simplesmente ouvir a nossa música sendo cantada.
Por você hoje tenho um imenso carinho...
Mas preciso, pouco a pouco, traçar um novo caminho.
Mas não apenas um caminho que me leve o mais alto que eu possa sonhar...

Mas que me leve ao ponto mais alto do que verdadeiramente é amar.

UM NOVO CONTO

Mais uma vez me pego olhando os ponteiros desse velho relógio na parede...

Perdida entre tantos livros...

Que já pareço fazer parte deles,

sinto como se o meu coração estivesse em todas essas mal traçadas linhas.

Então decidi mudar...

Pego pequenos pedaços de pergaminhos

a fim de começar a escrever uma nova história...

Mas não a história simples de uma moça sonhadora,

ou uma bela jovem artista capaz de pintar belas telas,

ou ainda de viver belos romances dos contos vividos no palco de um teatro surreal. Mas a história de uma jovem mulher que,

com as experiências da vida e do mundo real,

aprendeu que nem sempre quando chega meia-noite acaba o encanto...

Que ao perder seu sapato, não terá alguém que voltará para devolver...

Que nem sempre são vilões que nos trancam nas torres mais altas.

Por vezes, somos nós mesmos a fazer tamanha maldade...

E sinceramente não serão todos os sapos que viram príncipes ao serem beijados...

Alguns se tornarão algo muito além da realidade...

Mas, independentemente desses belos contos

que me rodeiam nesses belos e ilustrados livros,

ainda me sinto aqui dentro...

Um pulsar que me impulsiona a escrever e viver uma nova história,

porém bem longe da ficção.

Um novo conto...

Intenso...

profundo...

porém real...

Algo que seja palpável e que não precise voltar correndo para casa à meia-noite.

Que tenha beleza e sabor...

Loucura e sensatez...

Que me vença num desejo imenso e afoite.

E acima de tudo amenize toda a dor...

e não termine quando chegar a noite.

SOL DA MEIA-NOITE...

Em dias nublados quase sem cor...
Dias acinzentados como num inverno frio...
Eu me sinto só.
Dias que não se sabe se é noite ou se ainda é dia...
Dias que vemos o vento transformar quase tudo em pó.
Eu vagava sem rumo certo para seguir...
Sem uma direção para partir.
Sem um porto para atracar...
Naquela imensa escuridão sem saber o que estava por vir...
Eis que surge você como um sol no meio da noite.
E traz com a sua luz o clarão.
E me fez sentir que a vida tem solução...
Tem cor...
Tem brilho...
E tem calor...
mas não um calor qualquer...
Uma chama que aquece o coração.
Um Sol que brilha em meio a escuridão de uma noite que parecia não ter fim...
E que agora com toda essa luz me invade e faz com que algo muito precioso renasça em mim.

ATÉ AQUI VIAJAMOS JUNTOS

Passaram vilas e cidades, cachoeiras e rios, bosques e florestas...
Não faltaram os grandes obstáculos.
Frequentes foram as cercas,
ajudando a transpor os abismos...
As subidas e descidas foram realidade sempre presente.
Juntos, percorremos retas,
apoiamo-nos nas curvas, descobrimos cidades...
Chegou o momento de cada um seguir viagem sozinho...
Que as experiências compartilhadas no percurso
até aqui sejam a alavanca para alcançarmos a alegria de chegar ao destino projetado.
A nossa saudade e a nossa esperança de um reencontro aos que,
por vários motivos, nos deixaram, seguindo outros caminhos.
O meu profundo agradecimento àqueles que,
mesmo de fora, mas sempre presentes,
quiseram-me bem e apoiaram-me nos bons e nos maus momentos.
Dividam comigo os méritos dessa conquista,
porque ela também pertence a vocês.
Uma despedida é necessária antes de podermos nos encontrar outra vez.
Que nossas despedidas sejam um eterno reencontro.
E nessa escala evolutiva possamos nos despedir de nós mesmos
a cada anoitecer e nos alegrar com o novo reencontro a cada novo amanhecer.
Gratidão profunda a cada ser de luz que aqui se faz presente.

O VERDADEIRO FEITIÇO

"O feitiço não está apenas em uma beleza contemplando a outra,
Ou na Lua iluminando as cores das flores que alegres exalam seus perfumes...
O feitiço está nos olhos que repletos de sentimentos sinceros captou a imagem na sutileza e na pureza que ela demonstrava..."
Seja sempre os olhos que veem a essência que para muitos são invisíveis aos olhos...
Seja o coração que sente o que para muitas pessoas não existe sentimentos...
Leve a beleza de um sorriso para alegrar as pessoas...
assim como os palhaços que,
mesmo sangrando por dentro,
pintam o rosto e fazem todos felizes...
Renasça todos os dias...
seja grato todos os dias...
Não seja frágil... seja a Fênix.

AMOR DE ALMA

Sei que está aqui.
Não posso te ver, mas te sinto.
O meu coração pulsa acelerado, ao sentir o seu perfume.
A sua presença é sublime como uma brisa,
O seu toque me acalenta e eu sinto o que tu sentes.
Não podemos nos ver,
Mas podemos sentir que estamos perto novamente.
Somos amores de outras vidas e nessa precisamos de um espaço.
Ao nos separar sangrou a alma e tudo parecia perdido,
Nós lutamos, cravamos juntos e agora sei que está perto.
Eu te sinto,
Já houve silêncio demais entre nós,
e a hora do reencontro está chegando, Meu amor de alma.
O nosso amor nunca foi encerrado.
Sofri tanto a tua ausência.
Quanta saudade vivemos!
Foram tantas tristezas, e uma única finalidade...
Mas hoje sinto que está perto e quando estiveres aqui,
Sepultamos toda a dor e viveremos juntos mais uma eternidade.

SEU

Sou o fogo que queima sua pele
Sou a água que mata sua sede
O castelo, a torre eu sou...
A espada que mantém o fluxo
Você é o ar que eu respiro
E a luz da Lua no mar.
A garganta que anseio molhar
Que temo afogar de amor
E quais desejos vai me dar?
Basta olhar para o meu tesouro.
Será seu, e você meu será.

ALÉM DO TEMPO

Aqui sentada olhando para o horizonte,
chego a ver o mar encontrar o céu...
Um azul tão lindo, que os dois parecem um.
Sinto uma brisa leve...
aquele vento suave em minha pele passar.
Não consigo conter a saudade,

Das suas mãos a me tocar...
E aqui sentada nessa praia,
com toda essa imensidão de areia...
Vejo o quanto você faz falta,
o quanto meu coração precisa do seu, para esse velejar...
Meu amor, preciso de você para juntos sonharmos
 e irmos aonde ninguém jamais foi...
Alçar o voo mais alto...
e nos jogarmos no vento como pássaros no céu a bailar.
Temos o universo que está em nós
 para desbravar e terras longínquas para conquistar...
Porque esse amor pode ir além do tempo, do espaço...
E quando chegar o momento de adormecer...
a única coisa que eu desejo é o seu corpo tocar e a sua boca beijar.
E assim podermos mais uma vez...
Juntos tudo recomeçar.

DECISÃO AO PÔR DO SOL

Quando ao final da tarde
Entristecer-te por minha falta
E teus olhos marejar de solidão

É difícil... mas alivie o coração
Pois estou na mesma sintonia
De saudades sua
Desejando-te como a terra deseja a lua
Sei que me amas
E sabes que te amo
Perdoe-me meu jeito cigano
Eu escolhi navegar sem paradeiro certo
Até meus olhos não mais me surpreenderam
Com todas as belezas do mundo que anseio saborear e decifrar
Não peço que viva uma vida solitária
Mas sabes bem meu amor
De tempos em tempos sempre volto para seus braços
Tens a escolha cruel de sempre olhar o horizonte
Ou me esquecer
Fazendo-me uma lembrança ainda mais longe
Se escolheres me aguardar
A explosão de prazer outra vez vai nos completar
De tempos em tempos meu amor...
eu volto.

CHEIA DE FASES

Ela é aquela garota cheia de fases.
Um dia, sorri, no outro, fecha a cara.
Ela tem um sorriso doce, mas o olhar é misterioso.
Ela não sabe o que quer.
Aliás, uma hora ela quer tudo, noutra hora, não quer nada.
E vive procurando sentido para a vida.
Vive cheia de perguntas e totalmente sem respostas.
Ela deseja calmaria em certos momentos,
e em outros, tudo o que mais quer é que algo surpreendente aconteça.
Ela tem um jeito grosso,
mas isso esconde o quão amável ela é.
Ela pode ser gentil,
mas também sabe ser malvada.
Ela ama demais,
embora não goste de demonstrar isso.
Toda frieza é apenas uma máscara para se proteger.
Ela já se machucou tanto, que tem medo...
Que se perdeu no mar de sentimentos dentro dela...

ANJO

Por mim tão esperado...
Há tanto em mim para expressar...
Que numa breve noite não caberá...
Preciso de você para uma vida inteira.
Sentir seu toque suave,
e contigo viver e nunca parar de sonhar...
Quero estar em seus braços sentindo o seu calor...
E transpirando, transbordando todo o prazer.
Prazer de te sentir...
de estar com você...
Sonhando acordada com seu sorriso fácil
e com aquele olhar tímido que me tira muitos suspiros de desejos.
Meu amado anjo, não quero dormir para sonhar com você...
Quero com você dormir e sonhar os mais belos sonhos.
Fecho os olhos,
respiro fundo e sinto o toque suave da sua mão em meu rosto...
E o sabor doce dos seus lábios...
Feche os olhos...
Quero que sinta o meu beijo...
Molhado, suave, lento e profundo!!!

AH, AMOR!

Não me enlouqueça com seus beijos... Com esses seus lábios quentes!!
Quando me fazem carinhos...
Eu me perco!! Me faço felino...
Guloso.
Posso não te soltar mais dos meus sonhos!
E aprisionar a sua alma no cárcere das minhas fantasias.
De onde, nunca conseguirá sair!

QUANDO VAMOS EMBORA!

Nem sempre quando vamos embora é por falta de amor.
Por vezes, sabemos que não tem mais jeito.
Nós vamos sempre depois de já termos tentado muitas vezes e de já estarmos cansados.
Porque já demos milhões de chances que não foram aproveitadas.
Já falamos tantas coisas, que não foram escutadas.
Não vamos embora porque deixamos de amar...

Em certas situações amamos ainda mais.
Vamos embora porque falta respeito, reciprocidade e carinho.
Falta cuidado, paciência, companheirismo e dedicação.
Nós vamos porque falta...
Falta nós mesmos na relação.
Nem sempre nós vamos embora por não saber amar.
Às vezes, vamos porque ficar dói, machuca e incomoda.
Tentamos muitas vezes ficar, pensando naquele amor,
que antes era algo tão bom,
que trazia alegria e nos fazia sonhar...
Vamos embora quando aquilo que antes era a razão dos nossos sorrisos,
agora só nos faz chorar.
E ir embora não é o pior...
Pior é saber que temos que ir porque alguma coisa mudou...
As palavras de gentilezas já não são mais usadas, e os carinhos?
Esses já nem existem mais.
Na verdade, nós chegamos num momento que cansamos de tentar, de insistir em remar um barco sozinhos.
E por já não termos mais forças para continuar.
Nós não vamos embora apenas quando deixamos de amar...
quando nossos sonhos morrem.
Quando o carinho, a atenção, os sorrisos e os gestos já não existem mais.
E a nossa verdadeira essência é sufocada pelo ego daquele que sempre diz:
não sei viver sem você.
Vamos embora no exato momento
que vemos que naquela balança já não pesa mais o amor,
e sim apenas as coisas que fazem mal e nos adoecem o coração.

Por vezes, vamos embora mesmo querendo ficar.
Sabemos que podemos desistir de tudo, menos de nós mesmos.
Nem sempre vamos embora por falta de amor...
somos obrigados a ir.
Na maioria das vezes,
vamos embora porque sabemos que merecemos mais.
E mesmo sangrando por dentro,
vemos que não deve ser apenas o outro a prioridade...
Pois, se não existirmos...
ninguém mais.

ETERNIDADE

Não te fies no tempo nem na eternidade...
Que as nuvens me puxam pelos vestidos,
Que os ventos me arrastam contra o meu desejo!
Não demores tão longe,
em um lugar tão secreto,
Num silêncio que o mar comprime, o lábio...
limite do instante absoluto!
Aparece-me agora, quando ainda o reconheço...
Sentir seu toque...
ah a suavidade do seu toque...

Apressa te antes que toda essa saudade me sufoque...
Amar-te-ei muito mais depois que esse corpo não respirar...

SEM PENSAR EM NADA

Sem pensar em nada caminho distraída...
Pássaros cantam e flores se abrem
com o fluir de minha energia de amor a se integrar com o ambiente.
E nada observo por estar tão adormecida.
O fluir da energia sai livre de mim
 para se unir a outros fluidos e se conectar ao todo.
São fragmentos tornando — se um só!
Essa é a liberdade dos que buscam a sua essência em seu interior e a paz.
E o coração vibra em tons de um arco-íris...
Possivelmente em tons acinzentados,
ficam os que permanecem escravos da mente
e por isso nada buscam,
por deduzirem que tudo está bem ou tanto faz.
Esse conformismo integra um todo de insatisfação,
com isso acaba atingindo a todos.
E isso é um fato!

Por tanto deixar fluir o amor,
a alegria é essencial
para que o universo que está dentro de nós se ilumine.
Enquanto tivermos em atitudes vazias,
estaremos cumprindo esse ciclo vicioso
de idas e vindas reencarnatórias.
A evolução desfaz esses ciclos
e nos amplia a mente a grandes possibilidades...
Mas aos que insistem em permanecer carregando o fardo amargo das ilusões,
só temos a lamentar o quanto essa humanidade está perdida,
e então bater as poeiras dos pés, e seguir em frente.

DUAS ALMAS

"Quando duas almas se encontram
e se descobrem como sendo uma só...
Nada vai partir o seu laço.
Podem se afastar fisicamente,
mentalmente por tentativas frustradas de uma mente
conturbada pelo barulho do dia a dia...
Mas nunca espiritualmente..."

"Não sou bom nem mau: sou delicado. Preciso ser delicado. Porque dentro de mim mora um ser feroz e fratricida como um lobo... sou um místico da delicadeza, sou um mártir da delicadeza, sou um monstro de delicadeza." (Vinicius de Moraes)

Sentimentos e emoções

Nunca soube ou saberá lidar com os sentimentos e as emoções.

Como me portar?

Como agir?

Como não magoar ou não se magoar?

Sentimentos são como águas que tocam suas mãos,

mas não as podemos segurar por muito tempo.

Todas as emoções são manifestações incontroláveis dos sentimentos que,

quanto mais intenso for o seu prazer em ter,

mais doloroso será a dor em perder.

Saibam que as pessoas sinceras

sempre sofrem mais nessa esfera da vida.

TE AMO COMO O SOL

Te amo como o sol que ama a sua flor...

Que a aquece para fortalecer a sua raiz.

E te amo como a chuva que refresca o solo

e a flor dando alimento necessário para que cresça forte e linda...
e muito mais feliz.
Sempre será assim meu amor por você.
Um alimento para o corpo,
o coração e a alma...
O sol ilumina e aquece.
A chuva que alimenta e refresca.
Como o amor que é luz como o sol...
E é refrescante como a chuva.
Mas o mais interessante e importante é a flor.
Que após receber o calor do sol
e o frescor da chuva
cresce feliz e alegra a todos ao seu redor
com o vigor de sua felicidade e as cores de sua luz interior.
Alegrando o coração de todos os que veem
na sua beleza um sorriso do verdadeiro amor.

VOCÊ TEM A CHAVE DA SUA FELICIDADE

Não ignore seu poder achando que só será feliz quando conseguir alguma coisa,

ou quando uma pessoa fizer algo para você.
Para ser feliz, precisamos estar no ritmo da vida,
ver as coisas como realmente são,
dando valor aos nossos sentimentos,
e expressando aquilo que vem da nossa alma.
Você não vai encontrar no mundo essa felicidade que procura.
Por isso olhe para si.
Você tem a chave,
portanto use-a.
Se você está vivo é para participar da vida
e não para se esconder dela.
Não viva sua felicidade apenas na mente, na imaginação.
Viva a realidade e use a mente para criar as situações que deseja.
É seu o poder de se fazer feliz,
não acha que já está na hora de usar essa chave que lhe foi dada?

LUZ DA MINHA ALMA...

Alma da minha vida.
Vida que permeia todo meu ser...
Ser que só existe porque há vida no seio do teu ser.
Amo-te como o orvalho ama a flor...
Amo-te como a flor que ama um beija flor...

Amo-te como uma mulher ama
com todo o fervor de estar apaixonada...
Com carinhos e carícias na madrugada...
Transformando cada gota de suor,
na intensa alegria de ser amada.

TANTA ESPERA

Ao ouvir a sua voz, saí mais depressa...
há muito esperava por aquele momento.
Coração saltava em batidas fortes e muito rápidas...
Sentia que, a cada instante,
você estava mais perto de mim...
Nossa, quanta alegria!
Tanta espera para um único dia!
Uma mistura de sentimentos
e eu estava cada vez mais desarmada
diante do vasto sentimento que tomava conta da minha alma.
E de repente lá estava você
 vindo em minha direção...
tantas coisas passaram pela nossa mente naquele momento,
foram tantos planos...
que na hora não hesitei em simplesmente te abraçar e te beijar.

Eu sabia que nossos corações entenderiam tudo
e todas as palavras que pudéssemos dizer
não seriam suficientes naquele instante.
Então preferi o silêncio de um abraço e o calor de um beijo...
mas não o beijo de alguém que acabara de se conhecer...
mas o beijo de duas pessoas que acabavam de se reencontrar,
depois de uma vida inteira sonhando e procurando por essa outra parte.
Daí um forte sentimento tomou conta de mim
e eu só queria te esconder e te proteger de tudo, de todos...
do mundo lá fora.
Te amar em silêncio e te fazer dormir em paz.
Te amar no segredo...
mas de um amor que não seria fugaz;
um amor acalentado pela beleza e pela sutileza de toques angelicais;
daqueles amores que se tem certeza de que não acabou na última respiração profunda, porque, ao me deitar em seu lado, ainda existe um mundo
 que nos envolve em luz
e felizes e realizados nos faz;
E é desse amor sublime e mágico
que quero partilhar com você pelo resto dessa existência,
até que possamos sentir e sorrir muito mais...
Muito além do infinito e de todas as coisas banais.
Te amo muito, alma de minha alma.

SE AS ESTRELAS PUDESSEM FALAR...

Diriam de meu amor por você.
Se o mar pudesse falar...
Mostraria meu coração em festa colhendo conchas para lhe ofertar.
Se os lírios e girassóis pudessem falar...
Eles diriam que o amor que sinto é tanto que se fosse semente, o mundo seria um campo em flor.
E é assim meu amor por você, imenso como o mar,
brilhante como as estrelas,
suave e perfumado como as flores...
Delicado e saboroso...
Extremamente quente quando unimos nossos corpos.
E alegra tanto as nossas almas,
 que de nossos olhos saem brilho de todas as cores.

O AMOR

O amor é a celeste atração das almas e dos mundos,
a potência divina que liga os universos,

os governa e fecunda;
o amor é o olhar de Deus!
Não se designe com tal nome a ardente paixão que atiça os desejos carnais.
Essa não passa de uma imagem de um grosseiro simulacro do amor.
O amor é o sentimento superior em que se fundem
e se harmonizam todas as qualidades do coração;
é o coroamento das virtudes humanas, da doçura, da caridade, da bondade;
é a manifestação na alma de uma força que nos eleva acima da matéria,
até alturas divinas,
unindo todos os seres e despertando em nós felicidades íntimas
que se afastam extraordinariamente de todas as volúpias terrestres.

ASSIM É O TODO

Na solicitude dos pensamentos errantes
foram tantas e tantas formas de pensar...
Que sinceramente nem saberia contar.
Só que afundamos nos abismos de outrora
e deixamos de saborear a presença do instante "Agora".
Certos de que somos anfitriões das estrelas,

vivemos a olhar a esmo para o céu.
Estamos deixando o foco preso nas ilusões,
buscando no passado o viver do hoje.
Sempre de olhos firmes na presença do coração em tudo que nos poderá fluir, estaremos dispostos ao Todo...
uma consciência como Ser.
Sendo consciência, somos muito mais do que apenas um "Ser".
Sou eu me amando na tua presença
e você se amando dentro de mim.
Assim é o Todo!
Com nossas consciências.
Somos seres cósmicos conscientes.
Somos energia, amor incondicional e luz.
Sou infinito nas dimensões primárias.
Assim como o Todo Criador,
crio, idealizo, verso e reverso no contexto de minhas dimensões.
Configurando sempre o ideal do Amor Primordial
iluminando toda a consciência e revelando toda a criação.
Somos partículas de luz.
O Sol cósmico e Crístico.
Irmãos das estrelas e da minúscula poeira das constelações.
Somos fractais!
Cocriadores eternos numa evolução sem fim.

UM VOO PLENO

E a noite me leva para seus braços...
Num voo pleno de alegria!
Conheço seu riso de tempos remotos;
E em seu colo descanso meu coração!
Noites de luz e felicidade em ternas carícias...
Amor Eterno para sempre será!
Eu te amando e você a me amar... Colhemos estrelas em nossos beijos,
Num sonho infinito.
E vaga-lumes iluminam nossos corpos que nus...
Se integram na força do desejo e da paixão que só esse amor produz.
Na beleza de nossas Almas translúcidas em nossa Luz...
E para sempre seja...
Amor Eterno!
Que Feliz sempre nos fará!!!

BRISA SUAVE

O sol surgiu por detrás das nuvens,
trazendo um leve calor e uma brisa suave...

que levemente alegrava o coração pela sensação de que temos mais um dia!
Magnífica oportunidade de poder fazer desse dia,
desse agora...
uma eterna lembrança e um grande aprendizado.
Que seus dias sejam aquecidos pelo sol,
perfumados pelas flores,
coloridos com todas as cores
e embalado no som das mais belas notas musicais...
que assim sua alma e seu coração estejam repletos de paz.

A DANÇA

Estávamos na frente de um imenso castelo,
dentro de um veículo charmoso e confortável...
parecia uma carruagem.
Todo decorado em cores azuis e prateadas
e dois belos cavalos brancos a nos guiar.
Descemos com o auxílio daquele senhor que conduzia os cavalos...
que nem sei bem que nome dar.
Deparamo-nos com uma escadaria à nossa frente lindíssima,
com estátuas em gesso de leões... tudo demonstrando muito charme e imponência.

Quando chegamos na porta do salão...
As portas eram imensas,
muito altas, de madeira pura, toda trabalhada
e tinha símbolos esculpidos na madeira.
Abriram-se as duas portas para que entrássemos...
Ele estava vestido com uma roupa belíssima de gala,
camisa branca com uma gola toda rendada...
os cabelos presos e uma doçura no olhar que eu ainda não havia visto.
Eu estava com um vestido lindo, em tons de branco e salmão...
todo trabalhado em delicadas flores, muito pequenas como se fossem três flores juntinhas...
e devidamente coloridas...
até o detalhe verdinho das folhas havia, bem sutilmente.
Quando a música começou a tocar...
gentilmente ele se levantou e veio em minha direção,
estendeu a mão direita
inclinando o corpo que escondia a outra mão atrás das costas...
Não havia palavras ditas por nós dois,
apenas olhamos um nos olhos do outro
e seguimos dançando por aquele salão enorme e belíssimo...
Aquela música embalava olhares
e uma certeza absoluta de que nós nos amávamos muito...
muito além daquele momento...

SONHOS LINDOS

Sonhos lindos são aqueles em que te vejo sempre sorrir...
E em direção aos meus braços vir.
Felicidade para mim é sempre te amar... Contemplar o sol e admirar as estrelas iluminar um mar dos olhos teus.
Amar você é muito mais que viver...
É total plenitude...
é apenas ser.
Essência em vida...
luz e calor
Para mim assim se resume o amor.
Se o sol não brilhar...
Não tem importância,
porque o brilho que mais quero
está no seu olhar.
E o brilho que vem do seu coração
ilumina a todos que te olham.
Um coração que ama jamais ficará sem luz.
E assim é o seu coração...
Uma luz intensa que me guia!
Envolve-me nessa ardente paixão.
E ilumina o nosso amor...
Assim é esse amor...
pura luz que vem de nossas almas.

A HARMONIA PERFEITA

A Harmonia perfeita que vem do Ser Universal... do Criador.
A verdade é uma compreensão perfeita da mente, emocional, espiritual
e do amor incondicional unidos num mesmo propósito.
Nós, indivíduos, nos aproximamos disso por nossos próprios erros e desatinos,
pela nossa experiência acumulada
— de que outra forma, senão essa —
poderíamos conhecer o amor?!
Se não for pelo nosso ideal em perfeita harmonia com o todo,
do nosso eu interior em perfeita conexão e ressonância com a vibração do amor.
Nós nos aproximamos disso à medida que a nossa consciência vai sendo iluminada
— de que outra forma, senão essa —
poderíamos conhecer a verdade?
Apenas trilhando o caminho para a evolução
e se abrindo para uma nova vida...
abandonando-se e seguindo com o novo que surge de você no agora.

ENTRE IDAS E VINDAS...

Então, você briga, faz pirraça e se vai.
Aí meu coração me diz:
Ele vai voltar!
Meus olhos tristes e alma em prantos
segura a imensidão de meu ser em desalinho...
Mas o coração aguenta por quê?
Porque sabe que ele vai voltar...
Compreende a busca incessante do ser em querer estar bem consigo
 e entender tudo isso,
e me sinto em paz.
Mas o que realmente importa é: que ele volta...
Amo você e todas as vezes que você bate na minha porta...
Mesmo assim, sem querer, e sinceramente não quero entender...
apenas te desejo aqui de volta.

NÃO TENTE ME DECIFRAR...

Não tente me decifrar...
nem tente me entender.
Eu sou aquela que brilha na luz da lua
E aquela que se esconde no amanhecer.
Posso estar em mim...
como também posso estar em você.
Posso estar aqui...
como posso não estar em lugar nenhum.
Mas não é só por isso que deixará de olhar no espelho...
Ou não ir a lugar algum.
Eu busco o conhecimento de meus ancestrais...
tenho sangue de uma Alpha.
Alma de uma sacerdotisa e espírito de um anjo.
Eu sou o que sou!
E não tente me seguir aonde vou!

ME FAZ TÃO BEM...

Que essas palavras que falo...
São o que resta de uma mulher inundada de sentimentos...
de querer...
E que dessa doce loucura eu seja perdoada...
Embora tropece um pouco nas palavras por estar muito emocionada...
Você sabe qual é a realidade?
Que metade de mim é amor e a outra é você...

SABERÁS QUE NÃO TE AMO

Posto que de dois modos é a vida, a palavra é a asa do silêncio, o fogo tem uma metade de frio.
Eu te amo para começar a amar-te, para recomeçar o infinito e para não deixar de amar-te nunca:
por isso não te amo ainda.
Te amo e não te amo como se tivesse em minhas mãos
as chaves da fortuna e um destino desafortunado.
Meu amor tem duas vidas para amar-te.

Por isso te amo quando não te amo e por isso te amo quando te amo.

TRAGA-ME EM SEUS BRAÇOS...

Num abraço forte e intenso.
Que assim fará nascer a melhor parte de mim...
E eu poderei fazer desabrochar a melhor parte de você.
Pois somos comandantes desse amor
que não sobrevive mais sem o nosso querer...
Te amo com o calor de três sóis...
com o brilho de todos os girassóis.
E com a Luz da estrela que guia meus caminhos até o seu ser.

ESTOU UM POUCO ATRASADO

Mas espero que ainda dê tempo de dizer que andei errado
E eu entendo.
As suas queixas tão justificáveis
E a falta que eu fiz nessa semana
Coisas que pareceriam óbvias
Até para uma criança
Por onde andei enquanto você me procurava?
Será que eu sei que você é mesmo tudo aquilo que me faltava?
Amor, eu sinto a sua falta
E a falta é a morte da esperança
Que a vida é mesmo algo muito frágil
Uma bobagem
Uma irrelevância
E diante da eternidade...
uma mera insistência Em amar a quem não se ama...

ACRESCENTA-TE

Soma a tua vida
A um mundo de alguém;
Funde a tua alma
À alma de outrem;
Faz de um outro coração o teu ninho e do teu ninho
O lugar do amor...
Une a tua mão
A outra mão e com magia e com paixão,
Como uma borboleta e uma flor,
Acrescenta-te, como toda a cor
E logo a Primavera te oferecerá o Verão.

A ROSA E O FALCÃO (PARTE 2)

No primeiro desabrochar daquela Rosa...
Aquele nobre e majestoso Falcão a jovem conheceu.
Ela era meiga e doce...
e o acalmava.

Embora fosse um amor esplêndido e repleto de muita lealdade e sinceridade.

Ambos sabiam que ela não poderia deixar a terra onde estava plantada...

E nem ele poderia deixar o ar...

Onde era seu hábitat, onde era feliz e livre para voar...

E esse amor não durará somente até que a última pétala caia...

como também a sua última pena se desprenda de seu corpo...

E a força desse amor une novamente

em almas a Rosa e o Falcão.

A ROSA E O FALCÃO (PARTE 1)

A noite voa livre em busca de suas sensações...

Enquanto a bela Rosa dorme delicadamente.

De dia o Falcão observa-a toda bela a avermelhar toda a paisagem...

E ela sorri com aquela bela ave a lhe observar.

Até que os dias se passam

e eles se apaixonam.

Uma paixão que mexe com a emoção desses indomáveis seres.

E a Rosa colhe em seu aroma o voar do Falcão

Enquanto ele se rende à suave beleza de seu florescer...

AMA-ME!

Ama-me com as mãos estendidas cheias das mais perfumadas flores,
e com a mente aberta para compreender minhas loucuras e meu anseios.
Ama-me com paixão, desejo, ternura,
incondicionalmente.
Mostre-me o homem capaz que existe em você.
Ama-me com o coração, o corpo e a alma,
intensamente com todo o seu ser...
E ao me deitar na cama que eu não seja mais eu...
mas apenas você.
Ama-me sinceramente, sem máscaras, sem regras, sem limites...
Ama-me simplesmente...
e eu serei o seu Sol... para te aquecer.
A sua Lua para te banhar de luz
e as estrelas para te guiar pelos caminhos do meu corpo.
E o seu mar para te banhar e te refrescar essa pele quente,
ardente de desejo...
E assim ser o seu primeiro amor a cada novo amanhecer
e o último amor a cada anoitecer...
Pois você sou eu...
e eu sou você!

POR ONDE ESTEVE?

— Psiu...
— Por onde você esteve...?
— Não sei... Durante o sonho, nunca me lembro onde eu dormi...
— Esperava-me há muito tempo...?
— Muito... Há muito tempo...
— Desculpe...
— Ficou chateado...?
— Me dei conta de uma coisa...
— ...?
— Sempre te encontro aqui e somente aqui... Se você nunca mais aparecesse, eu não saberia onde lhe procurar, por quem chamar, sequer saberia o que lhe aconteceu...
— E se um dia você não fosse mais...?
— Não fosse mais...?
— Não mais me procurasse nos sonhos, não mais deixasse seu perfume, sua voz, suas reticências... Não mais houvesse abraços, carinhos, confissões silenciosas... Não havia mais indícios seus em minha vida... Não fosse mais...
— Sua...?
— Minha...
— Você é...? Minha...?
— Tanto quanto você é meu...
— A cada segundo que você não vinha, parecia que você me amava menos... E era tão insuportavelmente triste...
— Eu nunca mais me atrasarei... Cada sussurro meu será pontual à cada batida de seu coração ao dizer que te amo...

— Agora estou tão feliz... E há tão pouco era tão desesperadamente temeroso... Como se não houvesse a possibilidade de ser se você não fosse...
— E não há...
— E se um dia você não for mais minha...?
E não houve voz que ousasse responder..."

A VOZ QUE ME GUIAVA

Então segui a direção que aquela voz me guiava...
Que coisa linda as flores que há nesse caminho
 que me leva ao seu coração...
Que luz a trazer paz e alegria e felicidade nem se fala...
Amar alguém é saber que estará sempre dentro e nunca fora...
É saber que o sorriso brota do se querer bem
e a paz nasce do longo beijo de amor.
Portanto, não me deixe mais sem seus beijos
 porque preciso de paz.
Necessito sorrir com seu sorriso...
Porque nasceste dentro de mim quando seu amor saiu com o meu,
 assim de mãos dadas e corações unidos
  pela eternidade de um segundo.

A INDIFERENÇA

E da ternura veio a indiferença trazida pela minha...
Mas em meio a tanta dor se cresce e se encontra
e percebe-se que o amor ainda vive, como um luar que,
 em tantos momentos de nós dois, presenciou.
Sei que não tenho mais o direito a esse amor,
mas ele vive em mim e será eterno como a minha essência.
E o luar traz o teu sorriso que distribuo em cada sementeira
para vê-lo novamente em cada flor .
E o sol traz a sua força, seu calor
e me embriaga com o perfume de sua alma...
Como pude ser tão ignorante a ponto de te perder?

FLORES PARA VOCÊ...

Elas dizem mais que lindas poesias, são obra da graça de Deus.
Olho as flores, feito as almas floridas de amor,
onde quer que estejam,
exalam perfume e beleza,
se o sol é forte até murcham,
mas basta uma brisa e se refazem com graciosidade...

Se vem a chuva, riem, dançam...
À noite aquietam-se a esperar o amanhecer,
porém onde quer que estejam,
são lindas, símbolo da Graça do Criador.
"Que hoje possamos ser flores, e exalar um pouco mais de amor".

GRATIDÃO

"Que a nossa gratidão pelas coisas boas seja mil vezes maior do que as nossas chateações. Que nada nos impeça de atravessar dias difíceis e que a coragem vença o medo todas as vezes em que as nossas dúvidas tomem nossos pensamentos.

O SEU AMOR

Você é tão importante quanto as estrelas no céu,
você trouxe luz quando apenas só existia escuridão,
Você me passou seu nome, sua vida, Você me passou seu amor....

Um amor proibido em mim, pois já não tinha esperança de encontrar Aí você chegou trazendo apenas amor!!!!!

OUTRO EM SEU CORAÇÃO

Deixa-me pensar que sou o outro em seu coração...
E sorrir para minha dor não chorar.
E correr para o seus braços
e num abraço voltar a ser eu mesmo...
Então entender que esse outro foi ilusão
e que continuo vivo em seu coração...
O amor tem essas facetas vindas do ego
que só as cria para destruir o amor.
Portanto, viva todos os momentos no agora
para não perder o sabor da felicidade.

AMOR DE LUZ

Carinho azul como o mar...
Flores mil nas mãos
E um coração fugaz.
Assim penso em você a todo o momento,
num desejo de estar.
Numa vontade de ser sempre um riso
A te alegrar.
Quando vejo teus olhos felizes,
Sinto meu coração vibrar na felicidade de nossas almas afins.
E sem planejar nada,
somos verdadeiros em nossos sentimentos.
Porque o amor se faz assim...
Você me olha e diz: minha vida!
Eu te olho e digo: meu amor!
E juntos, vida em amor se faz.

AMOR ENTRE ALMAS

Não se procura, não se pede, não se exige...
Simplesmente acontece, quando menos se espera.
Amor entre almas

é amor, doação, sinceridade, fidelidade, dedicação, ternura, prazer, emoção.
Não importa a distância.
Amor entre almas é um resgate de vidas
que termina no sublime ato do reencontro
com sua alma gêmea tão amada ontem,
tão vivenciada hoje.
Amor entre alma não é só desejo e sexo.
É querer e sentir a presença do ser amado dentro do coração.
É preciso um do outro
como a borboleta e a abelha precisam da flor.
Amor entre almas é tão intenso, tão sentido por nós,
que ninguém, nada, nem mesmo o tempo
conseguem apagar de nossas vidas...

O HOMEM QUE AMO!

O Homem que amo tem um lindo sorriso.
É tudo que preciso para minha alegria.
Tem nos olhos a calma...
Ilumina minha alma,
é o sol do meu dia.
Tem a luz das estrelas e a beleza sutil de uma flor...

É o começo de uma nova vida; um grande amor...
Se está sorrindo... (rsrs)
eu sorrio também.
Tudo é belo, é verdadeiro...
E com ele eu acredito na felicidade.
É nele que me inspiro para falar de amor...
Quando ouço sua voz
é como se sentisse meu rosto ser tocado por uma suave brisa...
Esse homem enfeita minha vida...
Meus sonhos se realizam!

AMOR MEU

Suave flor a me sorrir...
Sorriso maroto de menina mulher.
Campos de girassóis em meu coração.
Aquele olhar de quem sabe o quer...
Paixão...
Eu nem diria, posto que a chama é suave,
mas que me completa perfeitamente.
E me traz um calor que aquece todo o corpo suavemente.
Traduzo as estrelas em seu olhar
e olho o mar para conferir seu coração.

Assim como as ondas batem na areia e chegam suaves
é o nosso amor
ou quando o bravio se torna levemente avassalador...
Mas o importante de tudo é que esse amor se revela em tudo que ele faz
e grandemente se ilumina.

SE VOCÊ DIZ VEM...

Eu corro e pego a sua mão.
E olhando em seus olhos,
vejo como é frágil e doce,
na pele de um guerreiro...
Assim é o amor:
Cuidado frágil, cuida do forte,
Ilumina a vida, o sol e o norte...
Mas, acima de tudo, se faz forte
para não deixar de ser cuidadoso,
nem amoroso e nem conquistador...
Então o amor se fez...
A luz brilhou em nosso olhar
E um canto de alegria preenche nossos corações.
Então a formosura da mulher se concluiu

e o homem amado pôs-se a compreender a sua essência...
E viu a mulher amada sorrir,
o mais doce e puro sorriso...
Que jamais vista antes
e se encantou por saber que como livre é um sorriso...
Também livre é o amor de um ser.

VENTO DE LUA CHEIA

Brilho para iluminar meu coração.
Suave cor em seu olhar
que vive a espiar o meu amor.
Intensa força no querer,
que me faz inteira de alma, corpo e atitudes.
Intensa razão de meu viver
que só sabe amar você.
E que sabe que seu amor sou eu.

NOITE EM PROFUNDOS DESEJOS

Fico pensando enquanto te aguardo para chegar.
Você em sua casa,
pensando em mim e pegando a toalha...
Abre o chuveiro...
A água desce por seu corpo e molha seu banho...
E banha sua alma
transformando tudo num aroma bem especial.
O encontro está próximo,
cabelos molhados, olhos brilhantes e coração a pulsar.
E entro afinal:
Abraços, beijos apaixonados, carinho e mãos entrelaçadas a caminhar.
O amor está no ar...
Olhamos juntos as estrelas,
e o brilho do luar está em nossos olhos de paixão.
E o sabor do vinho tinto em nosso degustar...
Saímos pela noite em profundos desejos em comum.
Corações fluindo em amor
e a certeza na alma
de que a felicidade já sabe que somos seus cúmplices.

HOJE

Hoje ao acordar,
percebi que te amo mais do que ontem
e que sou muito feliz por ter o seu amor .
Que, por meio de séculos, vinha te buscando
e ao te encontrar ali, ao meu lado, iluminado a me sorrir,
pude perceber que és o mesmo amor
e tens o mesmo perfume de outras eras.
Assim pude ver que o tempo não importa
para as almas que se encaixam num linear prazer que vem de seus corações.
O amor abraça o tempo e supera as esperas de toda uma época
e se firma na eternidade,
posto que é chama viva.
Por isso, ao acordar,
você foi quem me sorriu em meu pensamento.
E calma então, por estar te vendo e me unido a você
por eternas eras.
Digo-lhe calorosamente que és seu o meu amor.

NEM TODOS OS SENTIDOS SÃO IGUAIS

Cocriamos conforme nossa fonte geradora de luz
e nossa disciplina em nosso caminhar.
Aqueles que buscam a divindade em si
só resplandecem em luz e calor humano.
Os que se perdem perante os devaneios das trevas vivem na ilusão,
perdidos em conflitos gerados por suas mentes doentias.
Camuflados em peles de cordeiros,
são lobos a tramar contra a luz.
Mas, com a percepção amparada à intuição iluminada,
jamais haverá a vitória sobre a verdade luminosa.
O amor sempre vencerá
e os das trevas saberão que não há outro jeito,
a não ser se unirem e se entregarem à evolução.

UM INSTANTE

Quanto tempo eu poderia pedir-te
para em um instante dizer-lhe:

Te amo!
Quanto de minha alma eu lhe daria
por um instante de teu olhar!
Quanto ao meu desejo de beijar-lhe
não lhe causaria um sorriso e encanto e alegria.
Quisera roubar-lhe todos os instantes e não ter que deixá-lo...
Mas se é para cuidar de flores...
Que eu as faça crescer
e assim que eu possa deitar o seu corpo sobre uma imensidão de cores e suavidade
para mais uma vez te beijar...
e te amar.

VOCÊ É O GRANDE AMOR DA MINHA VIDA

A estrela cruzada da minha história.
O meu infinito e o meu finito.
Meu começo e meu seguimento sem fim.
Meu cientista, alquimista, mago, professor, amigo, amante...
meu outro lado, minha metade.
Minha dualidade...
e minha sanidade.

Minha loucura mais gostosa com as mais belas aventuras.
O grande amor...
na saudade uma dor...
Mas na brisa o frescor...
e o delírio do meu calor.

O SER DIVINO

Somos seres divinos
e devemos ter essa exata compreensão.
O Ser Divino possui uma familiaridade
com o Ser da emanação divina e cósmica
De onde se originou em essência.
Portanto, não importa em qual dimensão possamos estar,
pois o importante é o despertar consciente de nosso ser.
O ego nos mostra os devaneios da nossa forma de pensar e agir.
Mas o Ser Divino, o Graal, a Pedra Filosofal
que é o Todo, o Ser Divino em nós,
não traz a verdade pela nossa intuição sábia e iluminada,
pois essa intuição parte da essência primordial,
do todo.
De onde fomos gerados em luz e energia.
É o nosso coração fluindo com o todo...

Com o universo nos dando o conhecimento
e permitindo sermos sábios.
Nada que venha de fora,
com ares fanáticos e religiosos,
poderá nos trazer verdades.
São egos inflamados!
Portanto, observar a verdadeira fonte de luz
não é simplesmente aceitar que outros venham nos dizer
o que está certo ou errado.
Porque não há errado, nem certos, nem pecados
e sim seres em evolução.
Quem é o detentor da suprema verdade????
Podemos sim, ouvir e discernir
de acordo com a fonte divina
que nos mostra estarmos despertos
ou sendo enganados pela mente e pelo ego.
Muitos caminham para um despertar paralelo ao curso religioso
que vem camuflando ser uma senda de luz.
Portanto, digo.
Observe, investigue, estude e, acima de tudo, consulte o seu coração,
pois há muita sabedoria nele.

NOVAS FANTASIAS

O amor traz uma nova visão, novos sonhos, novas fantasias...
Você vai do calmo ou agitado,
do recuo ao avançado,
do se conter ao ceder.
Você passa a viver plenamente dedicado a esse sentimento.
Você é pego pela experiência da mente e do coração...
quando quer desligar a sua mente,
e não pensar.
Você sente o seu coração disparado, acelerado
ou até mesmo chamando...
E quando você sossega um pouco o seu coração,
você pensa exclusivamente em viver esse amor
em toda a sua plenitude.
Quando você está amando,
você está totalmente ligado à pessoa,
não quer saber de mais ninguém...
não há espaço para mais ninguém,
nem em sua mente, nem em seu coração.
E o tempo todo...
ou você sente esse amor ou você pensa nesse amor.
Quando isso acontece, não há o que fazer.
Você deixou esse sentimento aflorar...
sendo então apenas um...
só lhes resta viver intensamente!!!

UM GESTO GENUÍNO

Muitas vezes, existem momentos
em que nossa alma está sangrando
e tiramos lá do fundo forças para fazer quem amamos felizes.
Isso é um gesto de amor genuíno
que não é necessário nada em troca.
Mas que traz paz, luz e alegria.
E nisso somos abençoados com o melhor da vida
que são os verdadeiros amigos...
aqueles que não esperam que você esteja bem todos os dias,
apenas esperam que você esteja lá...
Não precisamos ser iguais...
apenas precisamos entender que somos um!
Às vezes, mesmo de coração partido,
vemos a vida fazer coisas que no momento não entendemos,
mas que um dia será mostrado o real aprendizado.
O amor por alguém é algo que nasce assim...
como aquele girassol na campina,
o mais bonito,
mas que ninguém o plantou...
pois é.
Eu amo muito você...
E todo o amor que há em mim não mudará,
porque os meus sorrisos com você
foram os mais felizes que tive na minha vida!

FECHO OS OLHOS E POSSO TE SENTIR...

Sinto meu coração acelerar
e de repente você surge...
Gentilmente me diz olá!
E de repente, o brilho de seus olhos ficam de todas as cores...
e te vejo no reflexo da água da fonte
de onde está encostado.
Uma bela fonte adornada em cristais...
Suas mãos tocam aquela água tão cristalina e quente...
Tornando meu desejo cada vez mais ardente.
E sinto-me convidada a chegar mais perto.
E me olha novamente nos olhos
e o som da sua voz entra direto ao meu coração...
Estamos tão próximos...
sinto que posso te tocar,
mas não desejo jamais acordar...
Desse belo sonho...
Jamais deixarei de te amar!!!

EU SOU FILHA DOS RAIOS

Fique em silêncio.
Cultive o seu próprio poder interno.
Ouça a chuva, sinta o sol,
deixe o vento tocar sua pele
e ande descalço...
Converta-se no seu próprio mestre
e deixe os demais serem o que têm a capacidade de ser.
Deixe que expressem o que realmente sentem
e não o que as expectativas desejam.
Sou feita desses minutos de paz sem fim.
Quem me conhece
sabe que o universo faz parte de mim...
Meu coração se alegra com o sol
e minha alma vaga com as nuvens.
Uma tempestade pode sacudir meu cabelo
e desarrumar minha roupa,
mas sempre que passa me deixa mais forte,
mais bela e agradecida.
Afinal, eu sou filha dos raios!

SUAVE COMO UMA FLOR

É belo como um arco-íris,
assim é o seu olhar...
É o seu coração.
Suave como o frescor da manhã.
Seu gesto carinhoso
ao me dar bom dia.
Seu beijo quente me emociona
e sentir seu calor me provoca desejos.
E percebo como esse desejo faz parte de tudo o que sinto por você
e tudo o que somos um para o outro.
E assim vou te amando a cada minuto, segundos e horas sem fim.
Feliz por você estar em minha vida...
E por me deixar ficar na sua.
Sem ter idas e partidas...
Numa eternidade infinita vivida por nós dois.

AME-SE MUITO

"Ame-se muito.
Ame-se acima de tudo.
E depois de se amar tanto,
ame-se mais um pouco.
Descubra se de novo,
aproveite o sabor de fazer a diferença na vida de alguém.
Mas, antes disso, faça a diferença na sua vida!"

FICO PENSANDO EM NÓS...

Ouço o seu riso e me encanto.
Seus olhos brilham como faróis
E seu olhar é da cor do mar
Meu amor cresce a cada segundo, Nem sabia que podia amar tanto assim. A felicidade flui como as flores do campo,
Colorindo nossas vidas.
Sei que já vim com seu nome gravado em meu coração
E seu coração grudadinho ao meu.

E O AMOR É ASSIM...

Vem com o brilho do sol
a aquecer seu rosto e iluminar seu coração.
Vem com o frescor da manhã
irradiar sua alma e roubar-lhe um beijo.
Vem com a alegria e um sorriso feliz
na realização de nossos corpos e na paz que sentimos após o amor.
Vem com o luar clareando e iluminando seus olhos,
tornando-os brilhantes, amorosos, quentes...
Olhar de menina mulher.
Vem com o colorido das flores e o néctar doce de quem sabe o que quer.
Vem com as ondas do mar banhar o coração,
banhar o desejo e a canção.
E, por fim, vem com corpos unidos em carícias e cheiro de amar.

SIMPLESMENTE POR TE AMAR

Hoje tento não ser tão insensível.
Tento entender seus desejos Sem que precise falar.

Tento não ser apressado e saber esperar,
Mas acima de tudo
Tento te encontrar.
Encontrar teu sorriso, que me traz o dia. Encontrar teu olhar,
Que me traz alegria.
Encontrar em teu colo,
que me aquece a alma.
Encontrar na tua pele,
que me traz a vontade de ser.
E ter...
Enfim, o meu amor te amar desse jeito.

O CAMINHO DE FLORES MIL

Coloriam seus passos numa delicadeza singela,
da qual meu coração batia num ritmo acelerado.
Você mais bela do que uma manhã de primavera,
Caminhava tranquila ao meu encontro.
E tal qual um menino aflito,
Trazia as mãos geladas de emoção.
O coração que acelerado no peito batia.
Parecia querer sair

para se encontrar com o seu.
Eu olhava seu rosto a irradiar uma luz pura.
E um sorriso me fez enamorado.
Amigos de variados lugares,
mais amigos sinceros estavam todos.
Para nos abençoar.
Flores e montanhas, estrelas e luar,
também foram testemunhas desse momento tão importante,
do nosso amor,
do nosso enlace,
e de nossas eternas juras de amor,
perante os celestiais
que realizaram a cerimônia com muita honra e paz.

APRENDI QUE O AMOR

Quanto se pode querer do ser amado??
Seu sangue, seu corpo, sua alma...
Aprendi que o amor
É composto de carícias, buscas e fidelidade...
Verdade na fidelidade.
Carícias nos momentos íntimos
E busca das emoções de ser melhor a cada dia,

Numa evolução constante
De um ser para o outro ser.
Uma busca evidenciada
Nos gestos de uma gentileza conquistada a todo momento.
É assim que te desejo.
E assim quero viver com você por toda eternidade com você.

PROCURO SEU ROSTO

Com flores nas mãos e encanto nos olhos
Procuro seu rosto
A embelezar
Meu sorriso.
Procuro tuas mãos
Para   entrelaçar nas minhas.
Mãos de fada,
Mãos de deusa, Mãos de carícias
E amor.
Seu toque sutil a afagar
O meu rosto
E a resposta
Que meu coração quer enviar
Quando me perguntar:

O que sente por mim????
Sinto carinho de menina
E o afago da mulher.
Sinto aroma de amor
E o perfume de uma bela dama.
Sinto calor, amor,
Ternura
E no peito
O coração acelerar.
E acima de tudo
Sinto que meu amor
Só quer você para amar.

LIBERDADE

A liberdade está nas asas de uma pequenina borboleta
como também num saudoso pássaro a desbravar o céu azul.
A liberdade está nas escolhas das cores
que pintaram aquele desenho que retrata a flor mais bela
ou a lembrança mais importante.
A liberdade está no escolher ir ou ficar...
beijar ou abraçar... (rsrsrs)
ou simplesmente fazer os dois.

Somos livres para sonhar;
Somos livres para amar alguém
ou amarmos a nós mesmos.
A vida nos dá escolhas...
quase sempre perfeitas.
Cabe a nós escolhermos as cores certas para colorir a nossa tela.

O MEL DE SUAS CARÍCIAS

Como um beija-flor,
busco o mel de suas carícias.
E como um ser amado,
busco no calor de seu corpo...
O abraço eterno dos enamorados.
Sorrio com seu riso
E vibro em seus sentidos
E um fabuloso girassol foi cúmplice desse sentir...
Pássaros flutuam no ar,
enquanto nos amamos em nuvens cor-de-rosa.
E o amor realizado, sentido, desejado revela todos os sonhos.
E numa nuvem cor-de-rosa,
você rosa, eu azul...
Espalhamos essências como pólens

e fabricamos as flores
que enfeitam jardins, almas e corações.
Pois cada uma dessas flores...
desde as menores...
só florescem com os nossos amores.

EXPERIÊNCIA VIVIDA

O amor simplesmente não se procura,
não se pede e não se exige...
Simplesmente acontece...
assim quando menos se espera.
O amor entre almas é uma doação de infinitos sentimentos:
sinceridade, fidelidade, dedicação, ternura, prazer, emoção...
Não importa a distância.
Quando almas se amam
é um resgate de vidas que chega ao fim
no sublime ato do reencontro com sua chama gêmea tão amada ontem,
tão vivenciada hoje e tão esperada...
É querer e sentir a presença do ser amado dentro do coração.
É preciso um do outro
simplesmente para saber que estão bem e felizes.

Almas se amam de forma tão intensa,
tão sentido por nós.
Que ninguém, nada, nem mesmo o tempo
consegue apagar de nossas vidas...
Todas as experiências vividas!

TROQUEI A SOLIDÃO

A saudade é um bichinho inquieto
 que nos incomoda sem cansar.
Mas se pensar bem é gostoso de sentir.
Penso assim porque a saudade me traz você...
Nas recordações que passeiam e insistem em ficar.
O silêncio não machuca mais,
não há mais dor.
Troquei a solidão por saudade
e consequentemente a saudade multipliquei em amor
para podermos dividir, somar
e novamente essa explanação matemática reverenciar.
Sou grata por me amar
e sei que és grato por eu te amar.
E assim vamos cumprindo nosso destino.
Somos fruto do que o amor constrói.
Somos seres de pura compreensão.

AS ESTRELAS

As estrelas refletiam em seu olhar
E você sorria com um quê de travessura
Eu ficava embriagado com tanta formosura
Eu parecia sonhar...
Mas o toque de suas mãos nas minhas Dava-me a certeza de sua presença...
Eu sorria com meu coração
Enquanto o seu se fazia cúmplice do meu...
Um doce beijo ao luar fez estremecer nossos corpos.

PARTE DE MIM

Na certeza de ter você,
perco-me em palavras,
mas nunca mais em atos me perderei.
Sonho com o momento de teu sorriso
e no meu abraço recebendo seu corpo.
Cuidando para não te ferir com meus espinhos.
No momento de viver em busca do seu verdadeiro
Eu sou marcas fortes de suas lembranças.

Assim como em mim fulgura
todas as vezes que você me olha e diz me amar.
Se o meu ser grita seu nome
é porque você é parte de mim.
E meu amor sussurra que te ama infinitamente
e ouço teu ser sorrir feliz por dizer que me ama também.

SOMOS CONTROVÉRSIAS

Somos conteúdo num contexto
e somos contestados a todo momento.
Somos vírgulas, ponto-final e reticências.
Mas também somos dois-pontos.
Contudo, o que somos não gera espanto ou controvérsias,
mas, todavia, interrogações e exclamações.
Isso tudo parece interessante,
mas é porque somos dessa forma
e assim agimos no dia a dia.
Mas pergunto:
Você já parou para pensar nisso???
Nas estrelas já desenhei seu rosto
para quando olhá-las te ver sorrindo.

Na areia desenhei seu corpo e deixei a água te banhar.
Em meus pensamentos você flutuava e me abraçava
todo molhado de mar.
Quantos desejos me envolve nesse momento
que escrevê-los seria até indiscrição.
Mas sei que sabe em seu íntimo
o fogo de nossa paixão.
Paixão que se transformou em amor,
mas que continua sendo ardente como um vulcão.

NOS SEUS BRAÇOS

Então eu crio estrelas
só para te ofertar e alegrar o teu sorriso.
Como também desenho flores para colorir seu dia
e girassóis para iluminar sua noite.
Nos teus braços encontro o carinho da mulher amada
e nos teus beijos, a certeza do amor.
Vivo esse momento único
em cada detalhe de nossos momentos.
Em cada palavra e sussurro.
Nosso amor faz parte da eternidade.
Chama viva e fulgor.

Somos sol, luz e calor.
Somos o infinito em nós.
Somos botões em flor.

"EU SOU MAIS FORTE DO QUE EU"

Mesmo que o meu corpo fraquejar
e o meu coração chore, Eu não desisto daquilo que eu busco e acredito.
Às vezes, me sinto estranha,
parece que amo demais, sinto demais,
mas quando eu olho para o meu EU interior,
eu vejo que sou um ser raro e especial.
Forte demais!
Estou aqui por uma missão,
fui enviada para terminar um propósito...
E irei cumpri-la até o fim!
E enquanto eu tiver sonhos...
eu dessa vida não partirei.
Se assim for...
levarei a certeza de que minha missão foi cumprida.

EU E VOCÊ

Seria perfeito nesse frio ficar bem quietinho Agasalhado em seus braços,
sentindo sua presença.
Aquecido nos seus carinhos
e esquecer o mundo lá fora
Viver só o momento...
Fingir que o tempo parou
e que a vida é só nossa agora...
Eu e você, e nosso amor
Viver nosso sonho lindo
e sinceramente não importa aonde for.
Pois onde você estiver, lá estará o meu amor.

EM MEIO AO SUOR

Havia um lugar acalentando nosso amor.
E uma doçura no ar!
Um quê de saudade sussurrou aos nossos ouvidos
e nossos corpos vibram de amor.
E tudo fluiu conforme a noite e o luar...
Uma noite repleta de carícias e juras,

em meio ao suor...
Nossos corpos molhados e sedentos um pelo outro...
Naquela mistura de êxtase e prazer...
Em meio aos lençóis macios de seda adormecemos,
abraçados e cansados.
E ao amanhecer...
Você me sorriu...
e ao sentir o toque suave de sua pele,
levemente quente...
fez algo em mim renascer.

POSSO OLHAR NOS TEUS OLHOS E VER O AMOR

Fecho meus olhos por uns instantes...
para mais uma vez te sentir aqui,
doce e amoroso.
E sinto levemente uma brisa tocar meu rosto...
e me tirar um sorriso calmo e gostoso.
Lembro-me dos momentos que passamos juntos
e de como tudo foi maravilhoso.
Posso olhar nos teus olhos e ver o mundo...

o meu mundo refletido em você.
Posso olhar nos teus olhos e ver o amor...
Reluzente como as estrelas...
e sentir o perfume das doces pétalas de cada flor
Que lançastes sobre meu corpo.
Nossos corpos entrelaçados...
Em meio a tanto amor e a tanta entrega...
na plenitude de sermos apenas um!
Não existe mais nada lá fora...
E nesse fervor sinto meu corpo aquecer...
O coração acelerar
e mais uma vez esse amor acontecer...
Seus lábios tocam os meus
e sinto a magia que nos envolve...
Posso sentir a leveza da brisa que toca minha pele...
E em seus braços,
mais uma vez, posso adormecer.
Somos corpos...
somos reinos de um infinito querer.

ESTAR COM VOCÊ...

Estar com você em plena comunhão... é como ter o universo e ser com ele.

Na presença do amor mais puro e sublime

como deve ser todo amor entre um casal... sinto o verdadeiro sentido da vida.

O amor iluminado, criado para ser a essência da vida.

E assim que te amo,

é assim que sei que sou amado.

Como o Éden original restaurado em nós.

Obrigado pela chance de poder ter o seu amor

novamente dentro de mim.

Depois de milhares de anos

poder te reencontrar

e assim poder viver tudo o que minha alma anseia...

E em mim ser novamente você.

Amado de meu coração.

NADA É DESTINO

Não são as coisas que possuímos ou compramos
que representam riqueza, plenitude e felicidade.

São os momentos especiais que não têm preço,
as pessoas que estão próximas da gente e que nos amam,
a saúde, os amigos que escolhemos,
a nossa paz de espírito.
Felicidade não é o destino e sim a viagem.

DIVINO MESTRE

Abençoados sejam todos vós,
quando no silêncio de vossos corações,
ouvirem a voz do Espírito em verdade.
E abençoados sejam todos vós,
que guardares os seus ensinamentos e os praticarem.
Abençoados sejam todos vós,
que conseguirem viver na caridade,
não a caridade dita apenas,
mas a caridade praticada.
Sabeis meus irmãos
que a única lei que nos é imposta pelo Divino e Amado Mestre Jesus
é a caridade e o amor,
porque pelo amor...
tudo se pode fazer.
Perdoar, construir, edificar,

fazer com que a vida flua em perfeita Ordem Divina.
E pela caridade,
vós todos praticaram o desapego
e assim se libertaram do grande fardo acumulado sobre vossos ombros.
Pratiquem a caridade a todos que precisarem de vocês,
mas não saiam por aí a divulgar aos sete ventos vós que a fazem.
Se tens que divulgar algo,
divulguem que somente Ele é o caminho, a verdade e a vida.

NOSSA VIDA É O QUE TEMOS

O que há dentro de nós
está constantemente procurando expressão.
Não precisamos forçar.
Nem nos preocupar para que isso aconteça.
O que devemos fazer
é permitir que nossa vida se expresse...
Dando ocasião para que o que está dentro de nós
se manifeste completamente.
Todos somos naturalmente grandes
e nossa grandeza potencial sempre está pronta a se manifestar.
Desde que deixemos de lutar para isso...

mas procuremos aplicar no momento aqui e agora...
Nossa vida é o que temos a fazer.

TALVEZ

"Talvez você não acredite no amor...
Talvez nunca tenha amado.
Talvez você já tenha sentido uma brisa, algumas notas do perfume do amor,
que pode ter se manifestado em relação a uma pessoa;
alguém que acorda em você um sentimento que não consegue traduzir em palavras,
mas que te eleva, te abre, e te faz sentir
e viver coisas que até então você não acreditava que pudessem existir.
Você fica feliz sem razão;
confia sem razão.
Você quer ver o bem do outro e torce por ele,
muitas vezes, sem nem mesmo ter motivo para isso.
É algo que desafia a lógica.
Você não explica o amor,
mas tem notícias de que algo assim existe.
E é isso que dá sentido para a vida humana.
E daí é simplesmente seguirem juntos..."

EU TIVE MEDOS

Durante muitos anos...
como todos os seres que aqui habitam...
Eu tive meus fantasmas de um passado,
hoje muito distante.
Amores e experiências que não foram satisfatórias...
Eu tive medos...
incertezas...
Vozes que ecoavam em minha mente
 a dúvida e a indecisão de ser ou não capaz...
De repente, ao abrir meus olhos
e ver que a luz que habitava em mim,
era muito mais forte que tudo aquilo...
Eu encontrei você!
Que sempre esteve aqui dentro de mim,
num mundo de belas paisagens e encantos.
Eu descobri que o amor ultrapassa as barreiras do tempo/espaço
e que nada é impossível quando se ama.
E hoje sei que você está aqui mesmo em silêncio,
nos meus mais belos sonhos e na minha mais pura realidade,
enviando-me todo o seu amor e carinho.
E não vai demorar muito mais para nos encontrarmos novamente.
Basta esperar a próxima noite...

TESOURO

Se procuras um tesouro...
Deves procurar nos lugares menos visíveis.
Não o procure nas palavras das pessoas que se vão com o vento.
Procure no íntimo da alma de quem sabe falar com o silêncio.
Lá estará o maior tesouro...

PERMANECER E NUNCA MAIS SE AFASTAR

"Amor é o encaixe perfeito.
É direção e refúgio.
É ter um porto-seguro...
Amor não é apenas ter a pessoa favorita do mundo.
Amor é ser a pessoa favorita para você mesmo.
É contar os segundos para se reencontrar.
É ter para quem voltar.
E no calor desses braços...
saber para onde quer ir.
E aonde quer chegar.
E ali permanecer e nunca mais se afastar."

O QUE É O AGORA?

A não ser momentos que nos impulsionam a viver.
Temos uma vida completamente diferente...
uma vida virtual na qual sem ela nos sentimos só,
meio vazios...
uma vida real em que quase nada se encaixa
e tudo o que mais queríamos era ter uma única oportunidade,
um olhar, um abraço ou só o silêncio de estar perto...
mas estar perto.
As portas são abertas pela vida virtual e fechadas pela vida real.
Tudo se torna fora do padrão de normalidade...
Afinal, o que hoje em dia é normal?
Vivemos entre seres diferentes e energias diferentes...
pessoas professam uma determinada fé...
outras não professam fé nenhuma.
E onde está você no meio disso tudo?
Perdido... isolado... sem saber que horas são.
Por que o tempo e o espaço não mais existirão?
As pessoas não sabem que o amor incondicional não é uma diversão?
E viver buscando na escuridão a luz para um coração....
É continuar sob o véu da escuridão.

MEU SOL... MINHA LUZ

Meu Sol... minha Luz
No bater das asas de uma borboleta linda
que acaba de sair do seu casulo
E à vista à Luz pela primeira vez.
Foi assim quando olhei nos seus olhos
e vi o céu, o mar, o sol.
E iluminada pela Luz desse sol
Luz que vem dos seus olhos que chega,
invade e cura toda dor
Amor sublime...
incondicional Amor translúcido como um cristal

Cristal brilhante que emana amor.
No desabrochar de muitas flores
Um arco-íris que irradia púrpuras cores...
Vindas das gotas de orvalho
Dos pingos que recaem sobre a pele
Da fonte de onde recarrega sua beleza.
Você vem como uma fada
levada pela natureza de ser criança com singelos movimentos.
E grandiosos momentos de beleza...
Leveza...
Pureza de ser mais...
Muito mais do que os olhos podem ver.
És a esperança em um ser...
A sua beleza traz a paz
A fragilidade do corpo desperta a proteção
Os seus olhos são luz
Nas suas mãos o calor
Traz refletido o sol em seu coração... A cada sorriso um novo amanhecer...
A verdadeira essência de ser
Minha estrela guia...
que ilumina e mostra o dia.
Minha única razão de viver...
Demonstração do amor do Divino Criador em você!
Minha pequena Lalinha, a mamãe te ama muito!

SILÊNCIO

Leia nos meus olhos
o que os meus lábios não conseguem dizer!
E sinta meu coração e escute o meu cheiro amor meu!
E a vida assim se tornará uma bela canção...
Na qual os braços a levar a dama visa o salão...
muito mais do que uma cama!

O OLHAR PURO...

Tens o brilho de um cristal.
Por que me olhas como se estivesse a me esperar?
Oh lábios...
a ti pertencentes o néctar da mais divina flor...
Como eu gostaria de nesse momento poder tocá-los...
senti-los mais uma vez...
Minha Luz...
Em ti me revelo em amor...
Simplesmente por saber que estás em mim...
e que em ti sempre estarei...
Divina chama que me aquece...

sempre que me chamar...
ao seu encontro virei...
E no fim de mais uma noite...
Silenciosa em graciosidade e plenitude...
Poderei mais uma vez os seus lábios tocar.
Seguro de que não mais nos separaremos...

SEMPRE AMANHECERÁ

Temos a certeza de que o dia amanhecerá...
sempre amanhecerá!
E com ele trará o orvalho da manhã e o canto dos pássaros...
Mas essa certeza vem da fé que nos anima...
E no amor que nos move.
A vida recomeça todos os dias...
Mas só terá sentido esse recomeço
se for dentro da gratidão.
Recomece o seu dia sendo grato e emanando amor a todos...

A ESTRELA GUIA

As pessoas têm estrelas que não são as mesmas,
Para uns, que viajam, as estrelas são guias.
Uma Estrela Guia!
Para outros, elas não passam de pequenas luzes.
Para outros, os sábios, são incógnitas...
Para o meu eu, são pedras preciosas
Mas todas essas estrelas se calam.
Tu, porém, terás estrelas como ninguém...
Quando olhares o céu de noite,
Porque habitarei uma delas,
Porque numa delas estarei sorrindo,
Então será como se todas as estrelas te rissem também.
E tu terás estrelas que sabem sorrir!
O céu espera por elas
enquanto nós não queremos vê-las...
O céu anseia por recebê-las ao entardecer
e nós mal temos tempo para contemplá-las.
Já queremos vê-las prontas...
Para um voo solo...
Numa estrela cadente.
Rumo ao eterno.
Depois de uma explosão sincera, de um pedido de olhos fechados,
acreditando que será realizado...
Da energia vital.
Sem conhecê-las e amá-las...
como Estrelas Guia que são!

MOMENTO DE SE OBSERVAR

A hora é de pensar no que é realmente necessário...
Parar...
e silenciar e limpar...
Esse amontoado de informações
faz com que fiquemos como gavetas de uma velha cômoda
guardando o desnecessário...
O momento é de pensar em nós mesmos...
no que nos alegra a alma...
No que é importante no seu dia...
O momento é de observar o que sentimos
quando inspiramos e sentimos que nossos pulmões se expandem
e que o coração acelera...
Nossa! Estamos vivos... ainda.
Sejamos gratos!
Então porque pensar tanto?
Se confundir tanto?
Se há um dia lindo lá fora para se viver!
E viver a vida o agora... o hoje...
porque o amanhã já não sabemos.
E se pararmos um momento,
veremos que nem queremos saber.
Apenas devemos viver um dia de cada vez...
Galgando um degrau após outro...
nessa escada que não nos leva só a evolução...
mas também a paz.

MEUS OLHOS

Meus olhos são como os cristais...
Escondem os mistérios mágicos
daqueles que não os veem com os olhos físicos...
Apenas o sentem com a alma!

RECOMEÇO

O verdadeiro conhecimento nunca vem puramente do intelecto e sim pelo coração.
Tudo o que você precisa está aí dentro de você.
As pessoas não precisam de um amontoado de métodos e técnicas,
para saberem o que elas são!!!
Somente é necessário um único e poderoso esclarecimento...
que é entender que o coração deve ser sentido mais do que entendido.
As pessoas só precisam saber
que essencialmente elas não são pessoas!!!
São energias renováveis...
e sendo assim tudo recomeça todos os dias.

SOMOS SOL E LUA

Numa bela tarde...
Em um breve caminhar num parque...
Deparei-me com as folhas caídas ao chão
e a copa das árvores se transformando em verdadeiros cenários de imensa beleza...
já era outono.
Ouço o canto dos pássaros e penso em nós dois,
em tudo o que vivemos em outrora...
Ao ver um lago de água límpida e cristalina
Aproximo-me e vejo pelos seus olhos refletidos na água
o desabrochar das flores cada vez mais belas
e as cores vão se tornando cada vez mais fortes e intensas.
Pelos seus olhos...
vejo a pureza e a doçura.
Na simplicidade de seu sorriso fácil,
com tamanha alegria que chega sem avisar e nos pega de surpresa
transformando tudo, como numa nova estação.
E na chegada dessa nova estação...
Dessa nova Era...
Estou aqui...
plenamente a esperar o adormecer
para lhe encontrar mais uma vez
e podermos viver essa paixão.
Já que nossos mundos tão distantes estão...
Um sol e o outro Lua...

Um noite e o outro dia...
Um despido e outros...
E nesse intenso momento que nos encontramos
tudo se torna mágico, possível e fácil de ser realizado...
Pois somos duas almas fundidas em um só corpo
por sentimentos puros.
Sob o som e a luz...
O sol aquece ainda mais e nos deixa o desejo e o calor...
Somos assim:
uma perfeita conexão de tudo que é pleno e divino...
de tudo que é amor.

RECONHECIMENTO

Quando um guerreiro se encontra com uma deusa,
ele inclina-se diante dela.
Quando uma deusa se encontra com um guerreiro,
ela não o deixa ajoelhar-se.
O respeito nunca é a submissão ou o poder,
Mas o reconhecimento do caminho do outro...
Ninguém tem amor maior
do que aquele que sabe respeitar a liberdade do outro.